EL ENCUENTRO ABSOLUTO

DAISY ZAMORA

EL ENCUENTRO ABSOLUTO

XXIII Premio Casa de América de Poesía Americana

VISOR LIBROS

VOLUMEN MCCXX DE LA COLECCIÓN VISOR DE POESÍA

Un jurado compuesto por Soledad Álvarez, Jesús García Sánchez, Enrique Ojeda, Benjamín Prado y Javier Serena, actuando como secretaria Anna María Rodríguez, concedió a este libro el XXIII Premio de Poesía Americana que otorga la Casa de América de Madrid.

Cubierta: María José Zamora. Detalle de *Tres minutos de silencio*

Isaac Peral, 18 - 28015 Madrid
www.visor-libros.com

ISBN: 978-84-9895-570-5
Depósito Legal: M-1344-2024

Impreso en España - Printed in Spain
Gráficas Muriel. C/ Investigación, n.º 9. P. I. Los Olivos - 28906 Getafe (Madrid)

A George,
María Denise,
Joaquín Ernesto
y René Alberto

Agradezco a mi hijo Joaquín Ernesto
que dispuso la secuencia de los poemas
con su oído de músico

MEMENTO

Me ha sido dado
—sin esperarlo—
el privilegio
de contemplar
el rostro de la inocencia
en la niña que sonríe
plena de amor por su padre

y a él se aferra
buscando amparo
en su hombro

Sorbiendo dichosa
su voz y sus palabras

Fijándolas
ya indelebles
en su pequeño corazón

sin saber todavía
que en las turbulencias

serán su escudo.

ONYX DINOSAUR

How did I get here?
the crow must be thinking (I guess)
while he walks the sidewalk remembering
when he was a dinosaur—
    I was so huge and powerful
    I could crush those people if I wanted—
and looks at us sideways as he struts off
with the haughty demeanor of a shining king
reduced to pecking French fries
from the gutter.

ESTE AMOR

A George

Para hablar de este amor se necesita
del silencio más hondo

donde no hay ya palabras
sino el corazón
apenas comprendiendo

cómo fue que la vida
dispuso aquel encuentro

Por qué a última hora
decidiste llegar,
por qué nuestros ojos se vieron
entre la multitud

Y por qué, al vernos, nos reconocimos,
si nada sabíamos la una del otro

Cómo se entretejió la delicada gasa
tan sutilmente que no nos percatamos
hasta el momento aquel, en que supimos

que estábamos perdidos
y no había remedio
ni regreso.

GOLDEN GATE PARK

En la neblina temprana
iluminado contra el verdor del parque
vi aquel único árbol
desnudo
y
seco
es-
que-
le-
to

de luz.

ABISMO

¿Cómo se cura el dolor de un niño
 una niña
violentamente arrancados de la alegría
al cortarles de un tajo su inocencia?

¿Qué suplicio del alma
qué pesadilla sin tregua
qué empozado terror
qué rabia incontenible?

¿Y cómo es que siempre hay
quien encubre al malvado
culpando al inocente
o ignorando el crimen?

Para el ruin, nada cambia

En cambio, la criatura
robada de su candor

íngrima en su tormento
y su vergüenza

y despojada con saña

de la infancia
que abruptamente
abandona

sin poder explicarse
ni entender el porqué

comienza
—oscuramente—
          a odiarse.

LUMBRE

Aunque la vida jamás
diera una tregua

Aunque nadie dijo nunca:

Esos dos tienen derecho a amarse
Dejémoslos en paz

Aunque azoten
el turbión y la ventisca

la lumbre que guardamos
sigue ardiente.

BAJO EL AZUL

¿Qué dicen las gaviotas
en alboroto de gritos
y de alas?

Y los cuervos
graznando desde los pinos
¿qué les responden?

Nada sé

Solo camino
al trabajo
bajo el azul intenso
          de esta mañana.

JÓVENES MENDIGOS

En la ciudad son legión
y están por todas partes

Como ángeles caídos
deambulan extraviados
hurgando en las inmundicias

        escuálidos
                sonámbulos
en el infierno de un efímero cielo

Harapientos serafines
apenas recién llegados

y ya sin alas y sin posible vuelo.

GUADAÑA

Cada primavera vuelven
tercamente a brotar
miles de diminutas margaritas
en los prados de la universidad

Albas estrellas
en cielos de esmeralda

Blancos lunares
sobre pañuelos verdes

Más y más florecen cada día
hasta cubrirlo todo
como un manto de nieve

Por las mañanas
rumbo a clases
paso por donde abundan
y al verlas
se alegra mi corazón

Pero a la vez
con angustia anticipo
la terrible mañana

en que oiga desde lejos
el zumbido inequívoco de la podadora
manejada por la Muerte con gorra anaranjada
decapitando las flores sin misericordia
hasta dejar
otra vez impecable
la verde alfombra.

AGUATINTA

Sola en su casa, la madre se conforta
en el amor a las hijas

Les enseña a leer   pintar   escribir   cantar

Baila con ellas.   Juega los inocentes juegos
que hacen brotar la risa de sus niñas

Y ella ríe también.   De sus ojos se borra por instantes
la pena del desamor

Brocal del pozo infinito de la angustia
que pretende engañar buscando explicaciones

como pájaro herido
que justifica la honda del tirador.

SOLO YO SÉ

Nunca nadie podrá saber
los estragos que en mi vida
hizo tu muerte.

VIDA CON SORDINA

Da wurden ihm die Toten so bekannt,
als wäre er durch sie mit einem jeden
ganz nah verwandt.
RAINER MARIA RILKE

Cada vez más, convivo con mis muertos
Me levanto y me acuesto con ellos

Regresar a un sitio conocido

Ver un objeto familiar

Fotografías

La música que devuelve
lo vivido. Las canciones
que colman la memoria

El olor de una comida
cocinándose

Un gesto. Un ademán
facciones   voces   risas

y hasta hábitos
de alguien en la familia

El aroma de la lluvia
en la tierra empapada

El perfume de unas flores, el sabor
de alguna fruta, la luz de ciertos días
después de un aguacero

El fragor de una noche
sembrada de relámpagos

Y los sueños, sobre todo,
los sueños

en los que vuelven, vivos,
nuestros muertos.

EL CISNE

En memoria de Marta Cinta González

Ya no está más allí
en Muro de Alcoy, Alicante

Sus manos, ondulantes,
levemente aletean
al compás de la música

y yergue la cabeza, alza el rostro
y despliega los brazos
encumbrándose en vuelo

El cisne postrado en la silla de ruedas
abandona el asilo

Vuelve a ser
la prima ballerina
del ballet de New York:

> *Hay que coger las puntas…*
> *Este es el coro*
> *Esto es más piernas*
> *Son cincuenta, el coro…*
> *Esto es sueño*

Perdida está su vida en el olvido
menos la esencia intacta de su ser
remontando el misterio
a la parte más recóndita del alma
donde deja su huella la belleza

y asciende en la oscuridad
hasta posarse en el lugar sagrado
donde el cisne renace
eternamente.

RAÍCES

A George

Vos sos mi país.   Yo soy el tuyo

No importa dónde nacimos
arraigada estoy a vos
y vos a mí
en esta tierra que somos
vos y yo

Nuestro país
    el único que habitamos

y del cual solo la Muerte
puede exiliarnos.

ANTISONETO SIN NÚMERO

A George

¿Por qué te amo? Me pregunto
frente al lavatrastos. Abro el grifo
y el chorro se precipita en diminuta cascada

En trance por la música del agua
—mientras paso por los platos
        la esponja enjabonada—
imagino escribir cuarenta y cuatro sonetos
o tal vez cien, si me esforzara

Pero no sabría explicar exactamente
por qué y de cuántas formas te amo
y sigo amándote

Ni cómo es que este amor es
como es
y no de otra manera

Ni por qué me colma

más allá de todas las palabras.

FLASHBACK PROFÉTICO

Todo en ella me recordó a su madre
a quien perdí de vista
desde que era muchacha:

escarcha luminosa,
niña de cristal cortado,
ánfora translúcida

Idéntica a su madre, que la acompaña

—y que ahora sonríe, se acerca y me saluda,
completamente en ruinas—.

DÉJÀ VU IMPRESIONISTA

En el jardín la joven madre abraza a su pequeña

Es bella la escena, como una pintura impresionista:

luz de la mañana, cielo despejado. Bajo el sol
plantas esmeralda   jade   malaquita

y las intensas manchas de colores
de las flores

De cerca, se nota que la madre está llorando
y la pequeña no sabe qué hacer

pues no entiende
que el padre ha echado a la madre de la casa

Solo está asustada, y consuela a la madre
con sus medias palabras

llorando ella también, sin saber por qué.

ESTAMPA FAMILIAR

No hay esposo sentado en su sillón favorito
leyendo el diario con expresión beatífica

Ni tiene pipa y pantuflas, mucho menos
bata de seda para estar cómodo en casa

La mujer no es bella. Ni borda   ni teje
ni sonríe al mirar a la hija
y al pequeño que juega

No hay alfombras   ni mesa   ni florero
ni lámpara de pie
ni cuadros   ni cortinas   ni hermosos ventanales

Si hay perro, no es el que debiera ser
(Tal vez un gato escuálido)

La mujer está sola. El marido se fue
y no se sabe de él. La hija vende su cuerpo
para que puedan comer. En el suelo,
sobre un trozo de cartón duerme el pequeño

Y ella tose, tose, tose, tose… insomne
toda la noche tose,
esperando a la hija
que vuelve al amanecer.

LA MEJOR MADRE

La mejor madre es la madre muerta

No más reclamos por lo que hizo o no hizo
o dejó de hacer por hacer otra cosa

No más índices apuntándola

Porque, casi siempre,
el padre se sale con la suya

Al fin y al cabo, es hombre,

y los hombres
yerran

Pero no la madre, por siempre obligada
a tal perfección

que ha de morir para lograrla.

POSTAL DE CUMPLEAÑOS

A mis hermanos y hermanas

Días antes, la nostalgia me sorprende
recordando lo abrupto de tu ida

Pero apenas me duermo, allí estás, padre,
bromeando con nosotros
desde el umbral del sueño

Mas nada se compara con la propia fecha:
sin brindis, ni alegría
de nietos y de nietas celebrándote

(Imagino cuánto gozarías
viendo a tu descendencia reunida)

Y a la memoria acude la llamada, insistente,
despertándonos aquella madrugada
y otra vez nos avisan que te has muerto

Pero evitamos rozar
la carne viva del alma
que el recuerdo lacera

Porque no existe fórmula ni ritual
que conjure
este turbión de lágrimas,
este huracán sombrío
que de pronto se suelta
y nos arrasa.

moιραιo

Del abismo donde yacen enterradas
voces de esclavos
de brujas
de siervos
        de perseguidos
        de prisioneros
        de sacrificados a los dioses
        de muertos en las guerras
        de ajusticiados

Del nudo en la garganta
de los pobres
de los migrantes
de los pequeños
        de insignificantes
        que reciben órdenes
de avasallados
que a lo lejos divisan
el banquete del mandamás

Del fondo donde desembocan
silencios soterrados
        susurros
                voces ahogadas
                        brutalmente

surge mi palabra

y se alza en el oleaje
de ese mar opaco que la empuja
a estrellarse contra el eterno acantilado.

DESPRENDIMIENTO

Esta conformidad
este decir   qué importa   ya para qué
a estas alturas   sobran tantas cosas

que pronto zozobran

arrasadas por el tsunami de la vida.

DECLARACIÓN INÚTIL

¿Para qué ansiaste tanto de la vida, corazón,
si todo estaba dispuesto
desde antes de que nacieras, concebida mujer?

¿Por qué tanto afanarte y tanto latir en vano
por un mundo que no te pertenece?

¿Para qué tu palabra que la borran los críticos
empotrados en pétreos testículos inmemoriales?

¿De dónde te nacen, corazón, las malditas ganas
de no callar jamás y atreverte a cruzar
los límites de todo lo innombrable?

ENSOÑACIÓN

Sacude su tristeza

Limpia su pecho
hasta dejarlo
pulido como un mueble

Vuelve a las tareas cotidianas
como el enfermo terminal al paliativo
que enmascara el dolor

Los fines de semana pasa sola
cuidando a sus pequeños
y cualquier día también

El marido aparece y desaparece
cada vez que le parece

Pero ella lo ama
aunque él salga a divertirse
con la otra

(Tantos lo hacen…)

Atesora cualquier sobra
de amor que él le dispensa

y soporta su violencia

Imagina ser feliz un día
        y sueña
          sueña
          sueña

        y espera.

HEBRAS

Cuando del suelo
barro
las blancas hebras
caídas de mi pelo

me pregunto a dónde
y a cuántos nidos
de qué pájaros
irán a dar.

PARA UN JOVEN PADRE

The smallest heart
feels everything.
GEORGE EVANS

El corazón es el mismo
no importa su pequeñez

Todos una vez tuvimos un corazón
confiado en la vida y asombrado del mundo

Dispuesto a la alegría
y la risa brotando a borbotones

Poco le bastaba para ser feliz

Un verde corazón a cielo abierto
bañado de rocío como el pasto
donde pacen, tranquilas,
vacas mansas

Hasta que alguien

siempre hay alguien

que aparece

y estruja el frágil corazón
de nube
de espuma de brisa

diminuto y vivaz colibrí

Y lo machaca porque sí,
porque le da la gana,
porque alguien, a su vez,
alguna vez
machacó su corazón
cuando era del tamaño
del colibrí.

OLD BOOKBINDER'S RESTAURANT, FILADELFIA

A Sandy Taylor

I

Observo la animación
en el comedor atestado:
todos conversan, ríen, ordenan
platos y postres exquisitos
mostrados como gardenias salvajes, heliotropos
y orquídeas carnívoras en bandejas de plata

Los meseros retiran los platos
con abundantes sobras,
postres apenas tocados por la cucharita
y apartados de la boca

Eso es natural aquí

En mi mesa solitaria
bebo cerveza
y devoro ostras frescas de New Jersey
sin entender nada.

II

Cuatro ancianas comparten una mesa
y brindan con voces apagadas
levantando sus copas temblorosas

Después de la tercera ronda de martinis,
son cuatro muchachas bromistas y parlanchinas
que se yerguen airosas sobre sus propios cadáveres.

III

En Filadelfia está Old Bookbinder's

Y en Old Bookbinder's estoy yo,
contemplando
el despilfarro.

RAZONES DE AMOR

If thou must love me, let it be for naught
Except for love's sake only.
ELIZABETH BARRETT BROWNING

Un día me diste
ciento y una razones para amarme
y treinta y dos más
en una lista secreta

Yo también te habría dado
mi lista de motivos para amarte
a la vista de todos y en privado

Pero sabemos
que son solo maneras de decir
lo que, en verdad,
no requiere explicarse

como un ramo de rosas
el oleaje del mar
la luz de una mañana
o un ruiseñor.

PRIMAVERA

Contemplo los ciruelos,
llamas liliáceas, antorchas en las calles

Belleza efímera
                    y frágil
como el mirlo alirrojo
          que cruza el Lago Norte.

KINTSUGI

Recojo este corazón
en añicos

y pego los pedazos
con laca de oro

que resalte   a la vez

belleza y daño.

ACCIÓN DE GRACIAS

Cuánto te agradezco, Diosa,
que no me abandonés completamente

Aunque seás reticente, aunque apenas
vislumbre o imagine tu rostro
ciega como estoy por tu esplendor,
no dejás de bendecirme con algo de tu gracia

Migajas que sean, pero tuyas,
para mí son más valiosas
que todas las riquezas, poderíos y fama
que tanto ambicionan los mortales.

POR SU PROPIA MANO

¿Cómo habrá sido el tránsito
de esta mujer
que teniéndolo todo
nada tuvo?

¿Qué penas horadaron
como termitas su corazón?

No es la primera, ni la única

Solo una más
que encontró la salida
por balazo certero
o sobredosis.

COMANDANTE UNO

En memoria de Hugo Torres Jiménez

Fue tu voluntad expresa
—porque así lo dijiste—
que no te celebraran honras fúnebres
ni ceremonias públicas

Bien sabías que no necesitás
escenarios   tinglados
plataformas mediáticas
agentes publicitarios   tarimas
ni exceso de flores y banderas

Jamás te escuché contar
historias embellecidas
—o mejor dicho inventadas—
sobre quién eras y qué hiciste

Eras digno y discreto
porque tus actos lo decían todo
de tu vida

¡Ah! Cuánta gente anda por allí
vanagloriándose de haber sido esto y lo otro

y tal vez fueron solo intrigantes
oficiosos serviles, operadores políticos
o mujer de comandante

Una de esas es la que ordenó tu captura
junto con su marido, al que rescataste
de la cárcel de un dictador
a riesgo de tu vida, que tantas veces
pusiste frente a la muerte

Ahora es él, dictador, espejo de aquel otro
que lo tuvo preso

y su mujer, cuyo gran mérito es ser su mujer

(y haber consentido al ahora dictador
violar a la hijita de ella de once años)

aparece como prócer en los libros escolares

Su biografía inflada con mentiras

Una inmensa chimbomba
llena de aire
        o mierda

Pero vos, NO

No necesitaste de oropeles
de voceros, de contactos poderosos
que siempre te dieran la primera plana

Porque ya sabemos que sos un héroe
el más grande que aún estaba vivo
pero andabas como cualquier ciudadano
entre la gente
con tu trato cordial
tu rostro afable y tu fácil sonrisa

Nadie que te viera habría sabido
de tu valor legendario y tus proezas
como de antiguo guerrero
en un cantar de gesta

Nadie que te tratara se percataba
de tu alta investidura ni de tu fama
y cargos

Eras de una sencillez abrumadora:

en los festivales de poesía leías tus poemas
en el micrófono abierto para el público
cuando podrías haberlo hecho desde el estrado

Pero así era tu modo
nunca te diste ínfulas de poeta
ni de escritor, ni hiciste alarde
de todo lo que eras
y sabías

Los verdaderos héroes, como vos,
están en el corazón y la memoria del pueblo

De allí la crueldad y la saña contra vos
de los que hoy usurpan el poder
y cambian la historia en beneficio de ellos

Te encarcelaron y mataron, pero no saben
que lo que han hecho es sembrar *una semilla.*

(13 de febrero, 2022)

SALVADORAN WOMAN KILLED ON FILLMORE STREET

She ran as fast as she could, she
shouted into the void, Oh God—
she worked so hard that day—
tightly held her purse against
her breast, then fell
in a pool of blood

Afterwards, the kids told the police:
We didn't want to stab her we were just
desperate we only wanted her money
but she screamed so hard
she scared the hell out, she really
scared the hell out of us

Her children were devastated, their
only support she worked double shifts
that day had forty bucks in her purse
they were waiting for her on the way
to the grocery store it was New Year's Eve,
end of the millennium

The newspaper also published the menu
of the dinner

the Mayor of San Francisco
was serving that night

Of the many delicacies listed
was
wild salmon fillets
sprinkled with genuine gold
dust.

PÁRAMO

Mucho hace ya de aquella tarde

Se despidió risueña. Besó al hijo
Ya vuelvo, dijo

Pero no volvió

¿Cómo anticipar la muerte
que la esperaba?

Una vida ha transcurrido
desde esa despedida

El niño creció, tuvo amores,
tuvo sus propios hijos,
tuvo divorcios

Y ahora,
encanecido,

y antes también
y todo ese tiempo
de antes y ahora

y hasta el fin:
huérfano.

MAYA Y EL ARCOÍRIS

In memoriam

El arcoíris entró por la ventana

y de pronto el rojo, el naranja, el amarillo
el verde y el azul celeste

empezaron a danzar sobre los muebles
el piso, el cielorraso, las cortinas

girando y girando, vertiginosamente

Maya recordó entonces
aquellas noches lejanas en Managua
cuando ponía música a su padre enfermo
        y lo invitaba a bailar, para alegrarlo

El añil y el violeta formaron un círculo
invitándola (como ella antes a su padre)
a bailar al ritmo de una música disco
que tocaban para hacerla sonreír

Y los demás colores se unieron también al remolino
bailando y girando como locos

para llevársela, apenas se durmiera

Cuando nos percatamos, ya no estaba

Y hasta hoy, no sabemos cómo fue que se nos fue

Ni hay arcoíris que valga.

(En vísperas del 18 de marzo, 2021)

LOS SUPLICANTES
(Oración al dictador)

La verdad es que los muertos
jamás nos importaron

Señor, bien sabes que cuentas
con nosotros

Que nunca hubo intención
de derrocarte

Pero aquel mar de jóvenes
aquellas multitudes
exaltadas
nos sorprendieron

Era como un tsunami, Señor,
y nos amedrentamos

Tuvimos que hacer la mueca

Pretender…

Junto con tus bufones, Señor,
entretuvimos al pueblo
mientras lo avasallabas

Quienes te adversaban
están en el exilio o en la cárcel
y los asesinados
se pudren en la tierra

La farsa fue exitosa

Hemos cumplido, Señor

Ahora nos presentamos
ante Ti, rogándote derrames

Señor, en nuestros pechos,
las treinta monedas.

(31 de octubre, 2020)

CELEBRACIÓN 39.° ANIVERSARIO REVOLUCIÓN POPULAR SANDINISTA

No hay nada que celebrar

El dictador y su mujer lo saben,
pero han llegado a la plaza

Suben a la tarima enflorada

Debajo hay una montaña de cadáveres
Debajo hay heridos y lisiados
Debajo hay llanto

Saben que no hay nada que celebrar
más que la muerte
que infiltra su hedor inconfundible
entre las flores.

(19 de julio, 2018)

PROMENADE

Christina ofrece flores tan mustias como ella

Jóvenes arrogantes, muchachas insolentes y bellas,
parejas que pasean con sus hijos, damas distinguidas,
hombres de negocios y ejecutivos
mirando constantemente sus relojes
pasan indiferentes

Christina fue actriz, cantó en musicales de Hollywood,
actuó en Londres un tiempo, viajó por Inglaterra,
conoció a Gandhi, fue su discípula,
regresó a California…

Le has comprado el ajado crisantemo que me diste

Solo nosotros, George, pudimos verla

Ella es invisible. Un espectro que esculca
entre los basureros de Los Ángeles.

MENSAJE A MARTA

Por entre las cortinas se entromete la tarde
y pone sobre mi brazo un cuchillo dorado

Hace rato quiero escribirte, amiga, no te he
visto últimamente, pero no sé qué decirte

Estoy tan triste

Ojalá sea cierto que el tirano se va

No importa que se lleve todo lo que desee,
pero yéndose por siempre junto con su familia
pocos serán todos los días del año
para cantar.

HISTORIA DE L. G. (ALIAS MARÍA)

Tuvo que irse

Abandonar su país
—pequeño en territorio
grande en prejuicios—

porque una divorciada
a muchos incomoda

Y el dilema de siempre:
qué hijo o hija llevarse
y cuál dejar atrás
o partir sola

No importa lo que decida
lo pagará con creces

(Pudo llevarse solo al más pequeño)

Una que emigra como tantos migrantes
en la búsqueda del Sueño Americano

Las historias de inmigrantes se parecen
pero cada cual con su propia historia

La suya fue una de tantas:

olvidó su nombre
melodioso y armónico
de antigua raíz griega
y pasó a ser María

Una María
entre cientos de miles de marías
porque no es difícil
de pronunciar en inglés

Sobrevivió, mal pagada,
en chambas ilegales

Se casó con uno
que resultó patán
pero era ciudadano
y tuvo que aguantarlo
hasta el final del proceso

Así fue ciudadana
al costo de perder su propio nombre
y también su apellido
por el del patán
al que un día, por fin, abandonó

Las historias de inmigrantes se parecen
pero cada quien con sus propias penas

Cuántas noches, insomne, habrá pasado
pensando en el hijo que dejó atrás

sabiendo que nada compensa su ausencia
no importa cuánto dinero
le remita

—Y aunque logró recuperar al hijo
(que había dejado)
y educó al otro hijo

y compró auto y casa
y mandaba remesas
regularmente al país

y después de muchos años
se retiró (como sucede
en la secuencia del Sueño Americano)

vivió siempre extranjera
en esa tierra ajena
guardando para ella
su idioma, sus comidas
sus costumbres
y su nombre verdadero

Antes de que el Alzheimer le arrancara
los últimos vestigios de ella misma
pidió que después de muerta
sus cenizas volvieran a la patria

para unirse en la cripta
con sus padres

Devuelta a su familia
y de vuelta en la tierra de su ombligo
al fin vuelve a ser ella

ELLA

la misma que antes era

llamada por su nombre y su apellido.

RECLAMO A SILVIA ELENA GUTIÉRREZ

Si eras la pura alegría de vivir
¿por qué apresuraste tu partida?

Bien sabías cuánto necesitábamos
                                        de tu risa
fluyendo como agua fresca
en los resecos cauces del corazón

Aquella risa tuya tan única
                                        y vivaz
que atravesaba los corredores del colegio
en ráfagas de luz
y ha de estar impregnada todavía
como eco inaudible
en las vetustas paredes de las aulas

Desde la infancia
borrosa por las brumas de la edad
hasta esta hora triste,
nos hiciste la vida más leve con tu risa
y tu presencia vital,
más viva que esta vida de ahora
vuelta de pronto   tan árida.

(18 de julio, 2021)

NIEBLA

A Celina Moncada

Estoy en el muelle viéndote partir
sin ninguna certeza
        del regreso

No quiero que te vayas
—lo he rogado tanto
y ahora lo suplico
        calladamente—

Me aferré a que el amor
te retendría
—pero ha sido en vano,
ya estás abordando el barco—

Desde la barandilla,
tu mano entre la niebla
    —inequívocamente
        despidiéndome—.

(14 de diciembre, 2017-31 de enero, 2018)

PALABRAS ANTICIPADAS

A Sergio Ramírez Mercado

Anticipo estas palabras
para cuando no estemos

y yo no pueda decírtelas
ni vos podás escucharlas

Porque, de pronto, me veo
tan cerca del final

y me percato de que en la vida
he contado con vos

como el sol que cada día sale y se oculta

como el paisaje familiar
        azul
        verde y volcánico
grabado en la retina del corazón

como el olor de nuestra tierra cálida
        antes de la lluvia

y el estruendo del aguacero
en el copioso invierno de Nicaragua

Como todo lo que sigue siendo
  y permanece

más allá del asedio y del exilio

Como que si no fueras a irte
  nunca

  y yo tampoco.

MENSAJE DE AMOR Y DESAGRAVIO A ERNESTO CARDENAL EN SU GALAXIA

I

No recibirás mis palabras. Serán interceptadas, retorcidas, deformadas para que se estrellen en el silencio y no las escuchés; lo sé muy bien ahora que anciano y frágil no podés ser aquel indoblegable con la mentira que amedrentabas a los anfibios de aguas turbias enarbolando la verdad como una bandera de pureza. Cuánto lamento, Padre, no estar como entonces a tu lado ahora que dicen que te has dulcificado y quienes te adversaban entran apañados a tu casa como si fuera de ellos, deseosos de sacarte el último provecho. Cómo han de hostigarte creyéndote domesticado como un animalito; cordero dispuesto para el banquete, y vos, anuente a que te despedacen porque estás en tu galaxia y ya dejaste todo aquello atrás, y no te importa que cada quien se lleve su pedazo.

II

Pero ahora te has muerto. Qué alivio entre los batracios ansiosos de manosearte. En el Olimpo acuoso del poder croan tu nombre, te alaban y se enorgullecen con falsa gratitud, pues creen que sí te has muerto y podrán robar palabras tuyas que les atemorizan para decirlas como si fueran propias y nadie va a percatarse del engaño. Viven en el engaño y del engaño de que algo dicen y no dicen Nada, son maestros de la Nada, de la que vienen y a la que volverán, mientras vos ascendés a tu galaxia y tu palabra, viva entre nosotros, se esparce por la Tierra y alza vuelo al Universo adonde ahora estás, abrazado a Dios.

III

Libre ya del cerco y del acoso, volviste a ser el mismo rajatabla. Qué poder en tus palabras, las últimas que dejaste dichas, esgrimiendo la verdad de frente ante el engaño. Desde tu estrella habrás visto desatada la furia de *la del bosque estéril.* Sus huestes enardecidas cercándote en tu muerte, inútilmente. Tus cenizas son ya tierra de Nicaragua y la tierra en Solentiname ya es sagrada. Hasta allá llegarán peregrinos de todas partes a honrarte en tu santuario. Y los que hoy hasta en la tumba te persiguen serán solo podredumbre engusanada. Dormí tranquilo, Padre. *El Amor ganará.*

(San Francisco, 12 de agosto, 2019-6 de marzo, 2020)

POSTAL TERESIANA A UNA AMIGA SOBRE LAS REDES SOCIALES

A B. R. M.

Que la avalancha de fotos
de gentes que postean
solo bellezas
no te turbe

Que no te espante comparar
tu vida con sus vidas
plenas y exitosas
tu familia con sus familias
de las que tantas maravillas
cuentan

El afán de mostrar al mundo
los triunfos propios y de sus vástagos
es en vano

Que te baste ser vos misma

Quien a sí misma se tiene
nada le falta

Pues, al final, todo se pasa

Porque la muerte no se muda
y su paciencia
todo lo alcanza.

FÜR ILSE

Llegaba a tu casa como a otro país:
el verde insolente del follaje, el agua
ondulando en la piscina
herida por la luz de la mañana
La diminuta explosión
de rojos, lilas, amarillos
del bouquet sobre la mesa
toda de lino. La porcelana impecable,
los cubiertos con monograma,
las golosinas y el té

Venía de calles atestadas
de vendedores ambulantes y mendigos
Nada tiene que ver tu mundo con el mío:
Alemania, que imagino bella, y Nicaragua
bella también, pero herida de muerte

Tal vez no vuelva a verte. Ya era difícil
encontrarte. Una muchacha rubia de Baviera
que incidentalmente llega de paso

Pero estos días, embellecidos
por el recuerdo, regresarán una y otra vez

uniéndonos, no importa cuál vida tengamos
o en qué lugar
estemos.

FOTO DE PAREJA CON LAGUNA DE APOYO AL FONDO

En memoria de Jacqueline Alencar,
a quien no conocí

En primer plano   en sombra
están ella y él

con el pelo alborotado por el viento

Ella mira a la cámara y sonríe

(hay algo indescifrable en su mirada)

Tras ella se ve él   pensativo
los ojos entrecerrados

(el viento está pegándoles de frente)

Con su brazo derecho la rodea

y en su mano la gorra como pequeño escudo
protegiéndola

(Apenas se ve que ella sostiene
la mano protectora)

Con la otra mano   él la sujeta del brazo
hundidos en la piel sus dedos

Aferrándose

Detrás de la pareja   cae la luz del trópico
        sobre el verde cinturón del cráter
        que bordea el azul de la laguna

Y al fondo   arriba   el cielo

        nada más.

A LA MUERTE DE ANTONIO MACHADO

Al pie de la cuesta inhóspita quedaron las maletas

Atrás quedó Barcelona y la última noche insomne
en Viladasens

Y el coche abandonado en el desorden

A despecho del frío, torpemente
sube bajo la lluvia, empapado el sombrero
y el traje arrugado, brilloso en las rodillas

El cuchillo del viento va hiriéndole la cara

Lejos los agrios campos, las ciudades decrépitas
de su Castilla ingrata, pero amada

La frontera contiene su único presente
y Cerbère y Collioure, todo el futuro

Atrás, robles y chopos y hierbas olorosas,
los cipreses, los cerros, las colinas de plomo,
los rojizos alcores, el pedregal y el llano

Ni álamos ni encinas, ni Soria en primavera
donde un día tocó a su puerta la dicha,
ni el Duero, ni los campos de trigo y de centeno

Más lejos aún los prados de su tierra andaluza,
azules serranías contra la tarde de oro,
palmeras y olivares bajo un cielo de añil

Limonero del huerto, espejo de la fuente,
y claveles y nardos y albahaca y hierbabuena,
y aroma de las plazas con naranjos en flor

¿Cómo no va a morir, si sabe que no vuelve
a su tierra de España, que le encanta y lo indigna,
y ama entrañablemente con resignado amor?

Cuando *Ella* llegó esa tarde, puntual, a las tres y media,
estaba como él predijo para su último viaje
Su mundo murió con él un Miércoles de Ceniza

Se llevaba, eso sí, consigo en el bolsillo
(en un papel estrujado donde a lápiz decía:
Estos días azules y este sol de la infancia)
a su España, su Castilla, y su huerto andaluz.

E-MAIL A JUANA DE ASBAJE Y RAMÍREZ DE SANTILLANA EN SU CUMPLEAÑOS

Vieras cuánto pienso en vos
—más de lo que quisiera—
y no puedo evitarlo

¿Qué agobios habrás pasado?
¿Qué de máscaras y circunloquios
para poder decir
lo que con tanta lucidez veías?

Vuelven a mi memoria tus palabras
una y otra vez, atormentándome
Porque, la verdad, seguimos en lo mismo,
y si algo ha cambiado, es poco o casi nada

Imagino la tensión en que vivías
negociando tus espacios a costa
de panegíricos,
pero te resguardabas como fuera
y hasta donde pudiste

¿Qué habrás sentido, Juana, al darte cuenta
de que eras un peón
en el ajedrez entre los machos?

La certeza de tu horror atraviesa los siglos
hermanándonos

… que es cada línea una herida
y cada rasgo una muerte

Cuánta razón tenías, Juana Inés

La luz que nos heredaste
aún estorba demasiado en las tinieblas.

VILMA TRUJILLO

Vilma Trujillo vivía en El Cortezal

Un caserío en las altas montañas del Caribe
circundado de pastos y cultivos de frijoles
—donde antes hubo selva tropical—

Se llega a pie
atravesando la selva por tres horas
entre ríos y montañas con abruptas pendientes
en donde un paso en falso puede ser mortal

En El Cortezal no hay mucho que ver:
frágiles chozas de madera,
el rústico templo
que se alza en una colina
y el cielo y la tierra, negra y rocosa

Los niños corren sucios y panzones
—algunos con llagas—
y comen arroz, plátanos verdes y frijoles

Sin escuela ni hospital ni comisaría,
la religión es ley

y el pastor,
la autoridad y el orden

Todo es en nombre de Dios,
primero dios, o si dios quiere,
y entre ellos se llaman hermanos

En esta comunidad la fe dicta sus vidas
y cumplen con las estrictas normas del pastor
que impone a la mujer sumisión al marido
y ordena que su lugar es el fogón
y la crianza de los niños

El adulterio es un crimen,
se paga con ostracismo

Todos asisten a los cultos religiosos
y todos, sin excepción,
creen en el demonio

De Vilma Trujillo se sabe
que tenía veinticinco años
y dos hijos

Se sabe que una tarde el pastor la visitó
porque decían que estaba enferma,
que alucinaba, hablaba sola,
y cuando la llamaban
no hacía caso

Él nada había visto,
todo era de oídas,
pero de todos modos
resolvió llevársela
a la casa pastoral
(a ella, y a la hermana de quince años)
para sanarla

Allí estuvo encerrada por seis días,
atada de pies y manos
no le daban de comer ni de beber
y miembros de la congregación
la apaleaban cada día con garrotes

El pastor decretó ayunos y jornadas de oración

Y tras seis días de ayuno y oración
para que Dios revelara cómo sanar a Vilma
una feligresa anunció
haber tenido una visión:
la revelación divina
de encender una hoguera
para lanzar en ella
a la muchacha

Los hombres de la congregación
recogieron ramas para hacer la hoguera

Y a las cinco y media de la mañana
salieron a cumplir el mandato de Dios

Amarraron a Vilma de pies y manos
al tronco de un árbol cerca del fuego
crepitante

Desesperada, opuso resistencia,
pero los hombres la soltaron del tronco
y atada de pies y manos
fue lanzada a la hoguera

y comenzó a arder. Sus gritos llegaban
hasta la iglesia donde otros miembros
de la congregación
seguían orando

Como era oscurito todavía cuando la vi,
solo miré que estaba morada —dijo su hermana—
con las manos como pegadas en un palo,
va de retorcerse y retorcerse:
«Ay, ay, ay, voy a morir», decía

Y el pastor, alegre: *Se va a morir,*
porque ya va a resucitar. Cuando ella muera
ahí nomás la metemos en la iglesia
y la entregamos a Dios…

Esto sucedió en el año 2017
de la era cristiana en mi país, Nicaragua,
donde los pobres son y siguen siendo
para siempre
pobres.

LA CARTA MÁS LARGA DEL MUNDO

Homenaje al Perú y al pueblo peruano

Quisiste, desesperadamente, salvar a tu pueblo,
librar a tu tierra andina de tantos males,
defender a los tuyos como fuera posible

Querías que el propio rey de España te escuchara

Si para eso requerías de nombres castellanos,
los tenías:
de allí el Felipe, el Ayala,
que no sonarían extraños a los oídos del rey

Pero no ocultaste tu nombre, tampoco,
Guamán Poma,
porque así te llamabas: waman y puma,
halcón y puma, halcón y león,
tus dos nombres totémicos
pues decías descender
de los yarowilcas allauca huánucos,
señores del Chinchaysuyo
muy anteriores a los incas mismos
que los conquistaron

Hay quienes te critican
por construirte una estirpe
un linaje elevado
de autoridad y rango
enraizado en la historia
de tu tierra ancestral, el antiguo Perú,
remontándote a la vida anterior a los incas
hasta el Génesis bíblico

La historia de los tuyos
inserta en la otra historia
unificando la creación del mundo
pero con un Adán y una Eva andinos
para que el rey entienda
que todo corresponde
a un mismo proceso

Luego la dinastía Inca de reyes y de reinas
la biografía de cada emperador y de sus mujeres
su gobierno y empresas
y de cómo se vivía en ese entonces:

las leyes que regían a los súbditos
la religión, las fiestas, el folklore, las tradiciones
las vestimentas del pueblo
sus historias
las poesías y los cantos de amor, para la danza
para la caza, para la recolección de las mieses
todo en lengua quechua

La historia del mundo andino
desde el principio del mundo
hasta el reinado de Huayna Cápac

la sociedad ideal
antes de la invasión

y anterior a la conquista
que te empeñabas en probar innecesaria
porque en Los Andes —decías—
ya había cristianismo desde antes
y no tenían por qué
cristianizar a nadie

Y explicaste muchas veces
que en Tahuantinsuyu
los españoles habían sido bienvenidos

y si no hubo resistencia
porque fueron bienvenidos al imperio
no hubo conquista

si no fueron atacados
no hay derecho a una conquista

—repetías—

Pero, de todos modos,
hubo conquista donde no había por qué
y guerras entre los mismos conquistadores

Destruido el orden que antes existía
el mundo está al revés

Ya no hay grandes acontecimientos que contar
ni personas principales como en otros tiempos

solo la corrupción
instalada en el sistema

El Buen Gobierno es el peor gobierno

injusticias, robos y abusos
de los corregidores
y los encomenderos
de los curas doctrineros
de funcionarios
de jueces
de caciques
de alcaldes
de soldados
contra tu gente

la lucha por el dominio
los atropellos que los andinos sufren cada día

y no hay remedio

La solución es la autonomía de los indios
un programa de reforma

de cómo debe funcionar la sociedad ideal
para que los indios no se acaben

Tu única esperanza es ese rey de España
el monarca supremo y emperador del Orbe
capaz de terminar el caos
separando a los indios de los españoles
para volver al orden
y la convivencia

Los indios no deben de mezclarse con nadie
más que entre los mismos indios
porque la cultura se diluye
y la raza se acaba

Tu gran preocupación y tu terror:

y se acaban los indios

la pesadilla de que serán exterminados

¿Cómo librar a los tuyos del gobierno directo
de los europeos que muy bien conocías?

¿Cómo lograr la autonomía de los indios
sin romper el vínculo con el rey de España?

¿Cómo seducir al rey y proteger a los tuyos?

Denunciaste a los malos funcionarios
que van en contra de la Corona Española
porque robarle a la Corona los impuestos
y abusar de los indígenas
en realidad, va en contra del rey
y no en su beneficio

Pero también le ofreciste al rey un tributo mayor
del que ya existía
pues no perdería los recursos del virreinato
si dejaba que los indios se gobernaran solos
según la antigua usanza y con jefes propios
porque soñabas con un gobierno justo
y un rey del Perú,
aunque fuera inferior a ese rey de España,
señor del Universo

Creías que el rey de España era un monarca divino,
como el Inca

Pero vos mismo fuiste víctima de los abusos
que tanto denunciabas

Despojado de tus tierras en las sierras de Chiara
en lo que es hoy Ayacucho, provincia de Huamanga,
por el funcionario español de la zona
que se las entregó a indios chachapoyas
en premio a su colaboración con los españoles

No solo perdiste tus tierras
sino que, además, fuiste condenado a doscientos azotes
y expulsado de Huamanga

Y el oficial español no consideró ni tuvo en cuenta
que esas tierras
ya estaban adjudicadas, que eran de tu familia
y no de los que venían de otra zona del Perú

Y en medio de la pobreza y la desgracia, comenzaste
a escribir tu crónica

Buscabas una forma de autonomía
una manera de sanar y de salvar a tu gente

La tuya es una escritura dolorosa
que acompañaste con dibujos reveladores
como el del clérigo Cristóbal de Albornoz,
visitador eclesiástico de Lucanas
y extirpador de idolatrías
que retrataste torturando indios

pero como él te regaló el papel y la tinta
lo describiste en tu crónica como hombre probo
dejando que el retrato dijera la verdad

Tus dibujos complementan tu relato

descodifican enigmas
y silencios

Expulsado de Huamanga, ya viejo y pobre,
decidiste emprender el viaje a Lima
para entregar tu crónica al virrey
que la enviaría a las manos del monarca español

La travesía estuvo llena de penurias:
te abandonó tu hijo, perdiste tu caballo,
y parece que el cura Martín de Murúa
con el que antes habías trabajado
sedujo a tu mujer
(entonces lo dibujaste apaleando y pateando a una andina
que teje en su telar)

Abandonado por todos,
solo te quedó tu perro a quien llamaste «Amigo»

El viaje de Ayacucho a Lima fue a pie y muy penoso
(en las páginas de tu crónica lo contaste
porque ibas con tu manuscrito bajo el brazo)

En el camino supiste lo que hacía Francisco de Ávila,
extirpador de idolatrías en Huarochirí,
y añadiste más información a la crónica

Ya en Lima, fuiste directo al palacio virreinal
a depositar tu libro

Querías publicarlo
y convencer al virrey del Perú de enviarlo a España

En realidad, querías llevar tu manuscrito en persona
y no enviarlo con nadie

(Era un texto muy largo y temías que se perdiera)

Pero tiene que pasar por varios filtros

También va una breve carta dirigida al rey
fechada el 14 de febrero de 1615
presentando tu crónica
y urgiéndole dar a tu libro la importancia que tiene

Porque estás convencido del poder de la escritura

Si es publicada tu crónica, habrá remedio
y se verá en Los Andes el cambio tan anhelado

Sabemos que tu crónica se mandó a España
pero nadie sabe si el rey la vio
y si la vio, no habría podido leer
lo que escribiste en quechua y en aimara,
porque a veces empezabas una oración en castellano,
la terminabas en quechua
y ahí la dejabas, sin explicar nada

Tampoco sabemos si habría entendido tus dibujos
de gobernantes incas, de personajes y vestimentas, de
costumbres,
imágenes de religiosidad, de guerra, y de la vida cotidiana
que mostraban las crueldades y abusos a tu gente

Tus dibujos
no se ajustaban a la estética europea,
solo expresaban cómo un indio veía el mundo virreinal

el mundo al revés
que buscabas, desesperadamente,
devolver al orden y a la convivencia

y no había remedio
y los indios seguían acabándose

Aunque le mandaras al rey de España
la carta más larga del mundo de casi 1.200 páginas
y 397 ilustraciones hechas a mano,
fue en vano

porque lo que querías no pudo ser en tu tiempo
pero hoy, lo que soñaste es conocido por muchos
que ahora sí te leen
y te entienden.

NO HAY DÍAS VACÍOS

No hay días vacíos ni fechas indiferentes
en el devenir del tiempo humano

Hubo el día
en que alguien encontró una cueva para albergarse
        se apareó
        dio vida
        y se asombró ante el milagro

O mató por primera vez

y al comprobar con espanto
la quietud definitiva de la muerte
        inventó muchas formas
        de esquivarla
        o trascenderla

El día
en que alguien encontró el fuego
        y aprendió a guardarlo
        y reproducirlo

        O dijo la palabra primordial
        sembró la primera semilla

recogió la cosecha
empezó la vida en comunidad

El día
en que alguien cubrió las paredes de la cueva
con pinturas y signos
y se adornó el cuerpo
para hacerlo atractivo a su pareja

Días de los primeros cantos y danzas

y días en que la música brotó
de instrumentos creados
por el ingenio humano

que ideó también las herramientas
las máquinas
y las bombas nucleares
y las guerras
que han aniquilado
poblaciones enteras
en fechas y días aciagos
marcados con fuego en la memoria
de cada sobreviviente
que revive el terror
en pesadillas

Días hay en que tiembla la tierra
explota un volcán
se encrespan los mares

ruge la tempestad
caen diluvios

ocurren incendios
aludes
deslaves
catástrofes
accidentes fatales
desgracias sin cuento

Hay días para cumplir ritos
y prácticas religiosas

y días de celebraciones familiares

cumpleaños
graduaciones
bodas
nacimientos
aniversarios

Días de fiestas patrias
coronaciones
jubileos
funerales de estado

Días para votar por alguien
que apenas ascienda al poder
olvidará sus promesas
de campaña

Fechas de golpes de estado
magnicidios
gobiernos dictatoriales
juntas militares

Días de terror y persecución

secuestros
encarcelamientos
asesinatos
masacres

Aquella noche que te arrebataron
a quienes tanto amabas
y jamás los volviste a ver

El día en que supiste
que habían matado a tu hijo
hija
padre
madre
marido
esposa
hermano
hermana

tu pariente
tu amigo
tu vecino

La fecha en que te capturaron
te condenaron injustamente
te encerraron en la cárcel
te torturaron

La tarde que te percataste
del acoso
la noche en que los burlaste
huyendo al exilio

El día en que conseguiste
tu primer trabajo
y el día que lo perdiste

que hubo que emigrar
que lograste llegar a tu destino
o desapareciste

Aquel venturoso día
en que llegó el amor

Y el otro
—aciago—
cuando cada quien
siguió su camino

Días de despedidas
adioses
viajes

separaciones
muertes

¿En qué fecha fue fundada
qué ciudad
pueblo
aldea
caserío?

¿Qué civilizaciones
y culturas
empezaron cuándo?

¿Qué lenguajes y escrituras?

¿En qué día se exploró
descubrió
inventó
algo?

No hay un solo día en vano
en el tiempo humano

Hasta que llega esa fecha
que ignoramos

En la quc nos aguardan
el vacío y la nada.

EL JOVEN SUICIDA

Que se tragó ocho pastillas de curar frijoles

Eso dicen. Para qué tantas. Si el Phostoxin aniquila
Si con solo el gas que suelta ya envenena

Que estaba morado. Reventado por dentro
En la flor de la edad morir así

Y ahora, el padre déspota ¿qué hará con su odio?
¿Tragárselo? ¿Dejar que se le pudra dentro?

VISLUMBRE

A Cecilia Renée

¿Y alguna vez he sonreído así?
¿Fui como tú de luz, candor que tiembla?
JUAN GELMAN

Aquella niña que tenía ojos
de agua clara

La que creció, sin saberlo,
afortunada

bajo el amparo de dioses y diosas
tutelares

que murieron un día

—y con ellos, el amor
y la bondad del mundo—

Ha vuelto en tu risa de jazmín
y en tus pequeños gestos y tus llantos

Otra vez canta, como jilguero,
su corazón en el tuyo

Y en el asombro de tus ojos puros
se vislumbra la misma transparencia

de aquellos —hace tanto y ya por siempre
nublados—.

REMOLINO

En un remolino oscuro
se ahoga su corazón

Gira y se hunde
gira y se hunde
gira y se hunde más
y más

Ese niño que ríe
como flor abierta al sol

en el regazo de la joven madre
que lo abraza

ya no está

Partió. No se sabe a dónde

y nadie

—ni su madre—
puede encontrarlo.

ÍNDICE

Memento 11
Onyx Dinosaur 12
Este amor 13
Golden Gate Park 15
Abismo 16
Lumbre 18
Bajo el azul 19
Jóvenes mendigos 20
Guadaña 21
Aguatinta 23
Solo yo sé 24
Vida con sordina 25
El cisne 27
Raíces 29
Antisoneto sin número 30
Flashback profético 31
Déjà vu impresionista 32
Estampa familiar 33
La mejor madre 35
Postal de cumpleaños 36
Μοιραίο 38
Desprendimiento 40
Declaración inútil 41
Ensoñación 42
Hebras 44

Para un joven padre 45
Old Bookbinder's Restaurant, Filadelfia 47
Razones de amor 50
Primavera 51
Kintsugi 52
Acción de gracias 53
Por su propia mano 54
Comandante Uno 55
Salvadoran Woman Killed on Fillmore Street 59
Páramo 61
Maya y el arcoíris 63
Los suplicantes 65
Celebración 39.° Aniversario Revolución Popular Sandinista 67
Promenade 68
Mensaje a Marta 69
Historia de L. G. (alias María) 70
Reclamo a Silvia Elena Gutiérrez 74
Niebla 75
Palabras anticipadas 76
Mensaje de amor y desagravio a Ernesto Cardenal en su galaxia 78
Postal teresiana a una amiga sobre las redes sociales .. 81
Für Ilse 83
Foto de pareja con laguna de apoyo al fondo 85
A la muerte de Antonio Machado 87
E-mail a Juana de Asbaje y Ramírez de Santillana en su cumpleaños 89
Vilma Trujillo 91
La carta más larga del mundo 95
No hay días vacíos 105

El joven suicida 111
Vislumbre 112
Remolino 114

Esta primera edición de
El encuentro absoluto
se acabó de imprimir
el 18 de enero de 2024
en Madrid.